凱信企管

用對的方法充實自己，
讓人生變得更美好！

凱信企管

用對的方法充實自己，
讓人生變得更美好！

李偉文筆記書 *3*

一定要幸福

在生活中實踐的91個幸福練習

幸福是一種選擇

研究發現，一個人自認快樂與否有三種決定因素：幸福設定點，生活環境以及意向活動。幸福設定點決定了將近一半的快樂因素，這跟個人特質一樣，會隨著一個人成長成熟而變得穩定，可以說是先天的因素。生活環境只占百分之十快樂與否的決定因素。生活環境包括了正面或負面的事件（一個快樂或受創的童年，有高學位或慘遭退學……）、婚姻狀態、職業、收入、健康等等。意向活動決定了最後的百分之四十，這一部分是我們完全可以掌控的，包括行為活動（與好朋友碰面聊天）、認知活動（調整自己的態度與視野），以及意志活動（努力達成個人目標）。

除了先天的幸福設定點之外，因為人類很容易適應環境的改變，所以限於環境的改變對於是否覺得幸福快樂的影響往往只是一時的變化，但是意向活動卻具有長期的影響力。的確，據研究，幸運的人，「腦」裡總是保持愉快的狀態。所謂愉快的狀態，並不是真的碰到好事，我們就快樂，而是無論如何，我們就是要快樂，即便假裝快樂也可以。

從小我就知道「假裝」的效用，若你形體假裝著自己很愉快，不久，精神上真的會很愉快。實驗已證明情緒會影響生理的變化（荷爾蒙分泌等等），反過來，生理（肉體）的改變也會影響到心理（情緒）。 社會心理學有所謂「自行驗證的預言」效應，又稱「比馬龍效應」，意思指我們若心中有預設立場存在，常會導致此先入為主的事真的發生。是的，我們的確可以選擇如何看待這個世界，我們選擇要相信什麼，不相信什麼。若是我們沒有這種體察，我們就會忘記，原來我們可以控制這些選擇，而我們如何選擇這些事情，就形成我們自己的世界觀。

　　王爾德說：「我們都在陰溝裡，但有些人仰望星星。」常常覺得，生命中不見得需要有太過具體與功利的目標，但是要時常抱持著夢想，那種向上向善的願景，然後在每天的偶然與邂逅中認真的生活，人生就會是一場豐富的饗宴。

　　生命要活得精彩，所謂精彩跟做大事或賺大錢沒關，它只在於我們能不能把自己的生命發揮得淋漓盡致，不虛此生！

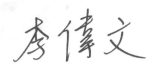

轉個念，隨時來點正能量 ➡

按下暫停鍵

在聖經創世紀中，神花了六天時間創造天地河海，日月星辰，
走獸飛鳥……第七天，停下一切動作，是為安息日。

猶太教的安息日從周五傍晚太陽下山起到第二天太陽下山為止，在這整整一天中，不能工作，不能開車，連開電燈按電梯都不行，一整天的休息沉思，跟家人鄰居談心聊天。

我喜歡這樣，在忙碌六天之後，有一個完整的空白時光，沒有一定必須完成的事情，手機也不會傳來催魂般的鈴聲，整整一天就是跟自己、跟家人相處。其實這並不難，只要我們願意，不見得必須是猶太教徒才能擁有安息日吧？

有時候覺得真實人生比影片虛構的情節還要令人驚奇，相信 2020 年元月即使最瘋狂的幻想家，也無法預測到世界會突然被按下漫長的暫停鍵。

記得十多年前，我擔任荒野保護協會理事長那些年，幾乎忙翻了，除了看門診、抽空閱讀與寫稿，平均每星期至少還有十五個以上的行程，每天忙得團團轉……突發奇想，假如全世界同時停下腳步全體同時暫停該多好，免得有人雖然想休息，但卻被不想休息的人干擾或逼迫。想不到當年不切實際的狂想竟然以如此悲傷的方式成真。疫病終究會過去，但是我們可曾從暫停中體會些什麼？！

敗犬的自在

日本作家酒井順子以「敗犬的遠吠」這本書爆紅，她創造出來
的敗犬成為日本年度流行語之首。

所謂敗犬是相對於勝犬，意指超過三十歲，未婚未生育的女性。她們的自我感覺良好，可是別人總是說三道四，所以她提出的戰術就是，主動認輸，自稱為「敗犬」，以此免除不再被「勝犬」們干涉的自由。（我都自認失敗了，你就不要來管我了吧！）　從此過著逍遙自在的敗犬人生。

　　她主張人生應該認輸就要爽快地認輸，因為堅決主張自己「沒有輸」的人，有時會變得很難相處，因為別人必須時常讚美他們，不然他們就會處在自我懷疑、自我厭棄的狀態。其實示弱，比較容易找到同病相憐的朋友，當一群人一起抱怨身體病痛，就好像參加心理治療般，心情會感到莫名的輕鬆。

　　是的，當我們知道別人過得比自己還慘時，就會覺得自己還蠻好的，日子也似乎可以繼續過下去了。

一切虔誠終必相遇

哲學家唐君毅曾寫過一句很美麗的句子:「在遙遠的地方,一切虔誠終必相遇。」其實,不管是遙遠如天涯海角或是近在住家附近,都必須懷抱虔誠之心,才能遇見來自我們生命中的呼喚。

我們每天都會遇到許多人、許多事；我們也曾參加過許多活動，看過許多文章，趕赴許多約會，但那些經歷絕大部分隨風而逝，了無痕跡；但是我們也可能因為某次的相遇，而使得生命從此不同。

　　蔣勳曾寫：「許多朋友到了中年，會忽然懷想起青年時候讀過的『流浪者之歌』，也許是再一次出走吧？從叫囂的聲音中出走，從憤怒的人群中出走，走向一片寬和平坦的心境中去。」古人也體貼的說：「幸有我來山不孤」，眼中的風景，常常迴映出自己的心情，或許，旅行的地點不再重要，途中碰到的人、遭遇的事才是關鍵。

　　只要懷抱虔誠之心，旅途中與人的相遇，就能成為彼此生命中不斷流轉的美麗因緣，這也是佛陀在二千多年前提醒我們的，世界上所有的相遇，即便是此生的初次相遇，都是在浩瀚時空不斷流轉中的久別重逢啊！呵！每個初次相遇，都是久別重逢，多麼浪漫，也是多麼溫暖的幸福啊！

_____

_____

_____

_____

_____

_____

遇見年輕的自己

讀大學時，不只沒有網路、沒有行動電話，甚至連個人電腦都
還沒有發明，與遠處朋友溝通只能藉著貼上郵票，勞煩郵差遞
送的信件，除了曠日廢時，還往往忘了自己前一封信在談什
麼……

在當時雖被迫用書信來溝通，但可以幫助我們思考以及想得比較深入些，就像曾寫下〈未曾選擇那條路〉這首家喻戶曉的詩人佛洛斯特所說的：「沒有看到我寫的文章前，我怎麼知道我在想什麼？」

的確，寫作是整理我們紛亂思緒最好的方法。很多的心情在時光流轉中淡忘，這些年少的純真與想望，若能留下紀錄，以後回顧，嚴肅的說是提醒自己不忘初衷，但實際上更多的或許是因那些年輕氣盛的臉與未經風霜的心，每次回顧又是心疼，又是自傲，而且每次重新翻開，就彷如穿越黑洞跟年輕的自己聊天。

關切是問，
或關切是不問

瓊虹曾寫過一首令人印象深刻的小詩，名字叫〈記得〉：

關切是問，而有時關切是不問。

倘若一無消息，如沉船後，靜靜的海面，

其實，也是靜靜的，

記得。

這首詩可以是思念分手的情人，當然，更可以是世間一切我們曾付出過情感的事物，或許曾經相濡以沫，雖然如今相忘於江湖，但是那個「忘」了的經歷，其實仍如沉船般，靜靜地躺在我們意識的深處。

　　記憶很奇怪，有時候我們想忘掉的事，卻不斷前來糾纏著我們；有時候很想記住的事，卻偏偏一點印象也沒有。更多時候，當年以為重要得不得了的生命里程碑，現在回顧卻雲淡風輕了無痕跡；反而是一些偶然碰觸的吉光片羽，卻鮮明得宛如昨天才發生。

　　那麼，什麼會是我們腦海中忘不了的人和事呢？我想，只有我們用過心，流過淚流過汗，傾全力付出過的事物，才會印象深刻吧？

_____

_____

_____

_____

_____

_____

_____

_____

相信著年輕時相信的事

日本作家春上村樹在《挪威的森林》書中寫到，男主角渡邊幫女主角直子過生日，直子對於就要二十歲這件事還沒有心理準備：「就好像有誰從背後硬推了我一把。」

直子認為，人的年齡應該就是定格在十八歲到十九歲之間，也就是過了十八歲之後就是十九歲，然後過了十九歲之後再回到十八歲，這樣的話，很多事就可以輕鬆一些了。

　　的確，十八九歲這些年，該是一個人最值得懷念的歲月，不只青春無敵這般籠統的喟嘆，而是往後人生的選擇及遭遇，幾乎都可以溯及這段雖然懵懂，但卻影響深遠的日子。

　　會想起春上村樹這段話，是因為最近與大學時代的伙伴碰面的關係，太太在旁聽了我們開心地話當年，忍不住插話說：「你們倆看起來都不太像六十歲的人，大概是因為心中始終如同大學生，總是懷抱著夢想的人。」我們同意她的觀察，也認為現在看自己年輕時寫的文章，遇見年輕的自己，也不會覺得不好意思，因為我們一直相信著年輕時相信的事，也一直做著年少時夢想的事。

勞動使我們快樂健康

柏拉圖曾說:「為了讓人類擁有成功的生活,神提供了兩種管道:教育與勞動,它們不是分離的而是並行的。透過這兩種管道,人類便能臻至完美。」

的確，大腦的功能與我們的老祖宗為了覓食與狩獵的行動一起演化的，對大腦而言，如果我們不動，就沒有任何學習事物的必要。可是現代人的生活，不管是大人或小孩，不管是那個行業，靜態的工作已成為常態，連帶的也產生了許多社會上或個人精神上的問題。

　　研究證明，身體的勞動，會產生三種激素：多巴胺、血清素與正腎上腺素，這三種神經傳導物質都會幫助大腦進行有效運作。

　　勞動的過程可以分泌並且自然平衡這些神經傳導物，若是以人為利用服藥來操控某一種激素，可能會因為人體系統太複雜而產生意料不到的後遺症。而且，勞動使我們比較容易活在當下，感知到周遭的一切，不易起煩惱心。我想許多宗教大師力行「一日不做，一日不食」的戒律，除了道德與價值的呈現外，也是求道悟道的很好方法。

_____

_____

_____

_____

_____

_____

_____

_____

在家裡渡假

搬到山上這二十年來，星期假日愈來愈少出門了，除非一定得參加的活動或拒絕不了的邀約，否則我寧可留在家裡渡假，因為待在家裡比出門舒服，而且好玩。

住在都市的人，放假通常是到郊外走走，而我本來就住在山裡頭，不用出門舟車勞頓接近大自然，況且我喜歡的休閒娛樂，不管是看書、看電影，在家更方便，因為老早就把家裡打造成圖書館兼電影院了。

　　其實這種「御宅族」跟過去負面形容「繭居族」已大大不同了，以前「宅」似乎是與人群格格不入的怪胎，而現在轉變成是重視品質追求美好生活的新時尚，一個布置得舒適富有個性的居家空間，除了是寵愛自己的投資，更是與人分享、社交聯誼的舞台。

　　早在三十多年前，我就開始在自己家裡辦讀書會，讓自己在各種場合交到的好朋友能在家裡互相認識，將與朋友的人際網絡串連成網狀。持續多年後，周遭朋友也感受到在家裡聚會的好處，在搬家換屋重新裝潢房子，也會將廚房餐廳跟客廳合成開放空間，然後留個超大桌子方便多人同時用餐或聚會。這股風潮將會翻轉消費方式，對我們來說，生活也有更多選擇，也將更有趣了。

在故鄉迷路

作家王鼎鈞說：「故鄉是祖先流浪的最後一站。」當一個人離鄉背井到外地打拚，然後落地生根在異地結婚生子，那麼這個「異地」就成為孩子的故鄉了。

最近到台中市演講，一時興起想去看看幾十年前住過的房子是不是還在。結果找了半個多小時，不要說房子了，連巷弄都找不到，還居然在那個住了好多年的區域裡迷路。

　　無法置信地在幾條馬路來來回回找著，一邊想起多年前大導演張藝謀拍過的十分鐘電影短片：一位住在北京胡同裡的中年大叔帶領搬家公司在高樓林立的大馬路上繞來繞去，就是找不到因所謂「都市更新」而整片整片拆掉的老巷弄，最後司機嘆了一口氣：「就是老北京才會在北京城裡迷路。」

　　其實不光台中或北京，這種現象在全世界不斷出現，因為人口不斷在移動，城市也不斷在發展，拆除舊房子改蓋大樓，除了必要，也是進步的象徵，但是依著房子與空間產生的記憶與情感也許就此消失。

　　留下時代的共同記憶是必要的，透過一些被特意保留下來的場景，讓大家不會忘記自己是怎麼走過來的，一個有根的民族，會走得比較安心比較篤定，這也是為什麼要留下古蹟的原因吧！

蝸牛巷慢慢走

天下武功，唯快不破？

台北市長柯文哲剛上任時，強調他的即知即行，曾講了一句名
言：「天下武功，唯快不破！」

的確，在時時刻刻與全世界連線的時代，有人說「誰也不比誰傻三秒」，在過去往往期待追求完美，面面俱到的工作方式，也隨著時代變成「快還要更快，先做了再說」，因此產品從一點零，一點一，每隔一小段時間就出新版本，相對於消費者而言，就如同搖滾團體「皇后」所唱的：「我全都想要，而且現在就要！」

在如此時代下，幾乎找不到一個正常人肯用十年或二十年前的速度來過日子，有位主持創意與思考訓練長達三十年資歷的講師曾說：「現在真正的問題是，再也沒有人願意為任何事情多等一會兒。當我要求學員思考一個問題一、二分鐘，結果他們十秒鐘就開始看自己的手錶。」

有些事當然不得不快，但是我們也必須清楚地知道，有很多複雜的事不能用快速的解法處理。任何有意義的創造，都需要經過漫長地醞釀，必須長時間浸潤在問題中，靈感或創意才能出現。每個人或多或少都有類似的經驗，百思不得其解的問題，在我們洗澡或散步時，突然靈光一現，但是要注意，要有「靈光一現」，之前得經過漫長的「百思」。

安靜的練習

這是個令人困惑與徬徨的時代,一方面是因為選擇太多,另外
原因則是變化太快!

選擇太多，似乎做什麼都可以，但這也讓我們更加無所適從；變化太快，在這個不斷改變的世界，一切事情都在不確定中，我們相信的價值可能轉眼就破滅，也因為如此的紛亂與喧囂，人人都需要安靜的練習。

　　練習緩慢的思考、緩慢的溝通，最好的方法就是寫信，用文字寫下一封又一封完完整整的信。透過文字書信，跟孩子、跟朋友，也跟自己溝通。可以打在電腦上，但是我通常用筆書寫在紙上，因為用筆書寫比較浪漫，而且，更緩慢。

　　文字寫在紙上，紙拿在手上，可以反覆思量，是確實的存在，宛如親朋好友送的花，是具體的情意。

溫暖的親子時光

日本人至今在吃東西之前，都會合掌說出一句感謝的話，那是
對讓我們可以活下來，而奉獻出生命的動植物誠摯地感謝，「我
領受您的生命了！」這種感恩的心情，是幸福感的來源。

許多漫畫或日劇裡常會強調，當我們吃一頓用心煮出來的飯菜時，會湧現幸福的感覺。的確，當大人與小孩在外頭忙碌了一天之後，能夠輕鬆自在的一起吃飯，是增進親子互動與感情最好的方法。

媽媽能夠在家裡自己煮東西，自己做飲食教育，當然是最理想的，但是，的確有許多家庭是做不到的，這也是現在學校提供營養午餐，並且民間團體期待能像日本一樣，在學校課程中，在智育、體育等傳統教育目標中，加入了「食育」，除了有健康的飲食知識之外，從認識食物開始，找到自己跟土地與環境的關係，更可以從食物的烹調中，建立溫暖的親子時光。

漫遊走台灣

年輕時最敬佩的文人是李白，佩服他那擊劍任俠、瀟灑飄逸的
文采；到如今，我的生命典範是蘇東坡，認為他是最厲害的「生
活家」，他真的做到了「無入而不自得」的境界。

蘇東坡在遊赤壁時有感而發的「山川風月無常主，得閒便是主人」，給了困在名疆利索的現代人一個當頭棒喝。

　　年輕時到哪裡都開車，這些年只要有大眾運輸工具可以到的地方，我就盡量不開車，包括旅遊也是，以前用四輪環島旅行，後來用兩輪，現在改用雙腳漫遊臺灣。這一方面是為了節能減碳，另一方面是為了更貼近自然。讓自己不再「路過」，而是專心探索這個同時擁有遼闊海岸連綿山脈、溪流平原及豐富自然生態與歷史人文內涵的臺灣。

　　而且這些年我已經不太去所謂的風景名勝，如今只要任何一片小山坡，一條不知名的小溪流，就能夠讓我徜徉大半天，我也漸漸了解，生命的意義並不是在累積數量完成清單，重要的是能否增加感受的深度。

_____

_____

_____

_____

_____

_____

_____

_____

比生命更長久的事

義大利作家卡爾維諾曾經這麼定義：「死亡，是你加上這個世界再減去你。」

這句話常常警惕著我：「你在或不在，這個世界有沒有不一樣？」這個世界是否因為加進了我們而得著了某種光彩和溫度？這些正面的善意與能量在我們悄悄退場後是否仍然留存？若是能夠常常如此思索，我們不管青春與年老，對時間的運用就會有不同的態度。

　　曾經有一個研究訪問許多八九十歲高齡長者，問他們假如可以重新回到年少，再活一次，他們會有什麼改變？結果大多數人都表示：「我會多做一些在我死後仍然可以延續下去的事。」的確，面對生命最後，總會希望不是白白來這世界一趟，做過的一切都隨風而逝，沒有留下任何痕跡，那麼我們曾經存在跟不存在，這世界都沒有任何不同的話，那豈不是令人遺憾，也會很不甘心嗎？

　　死後仍可以延續下去，就是做一些比我們生命更長久的事。

與陽光有約

據說哲學家桑塔耶納有天正在哈佛大學教課，看到陽光照入課堂內，忽然跟學生說：「我與陽光有約。」於是扔掉了手上的粉筆，轉身步出教室，放棄了人人羨慕的教職，從此優遊於世。

二十多年前離開醫院自己開診所時，正好看到這一個故事，對我往後的時間安排有很大的影響。

　　桑塔耶納與陽光有約，但是我們只能說：「與病人有約」「與客戶有約」？然後日復一日，月復一月，年復一年，守著小小的診療間或辦公桌，我們擁有過的夢想，是否會在現實中逐漸消逝？是否會在忙碌的生活中逐漸失去了對生命的感動？我們不停地忙碌，或許是希望多賺點錢，讓生活過得更好，可是會不會少做一點事，少賺一點錢，反而會活得更好，過得更快樂？

　　桑塔耶納的故事提醒了我，與陽光有約是很重要的事。

文字因緣骨肉深

清朝詩人龔定庵曾經這麼說：「文字因緣骨肉深！」

是啊！當我們從書本或網路看到某段文字或某篇文章引起內心的悸動與共鳴，那麼我們與作者情感的聯繫或許比朝暮相見的手足還要深，都是難得的因緣感謝啊！

　　老實說，這個世界往往使我們疲累，無力感也常常糾纏著我們，因此，只要有人能了解我們，往往是那麼瀰足珍貴，以致於能激發出我們的勇氣繼續往前走！我們試圖在廣漠喧嚷的世界中呼喚，尋求同伴，讓彼此覺得不孤單以及相互取暖，得到足夠的動力堅定地往前走去。

　　記得法國大文豪雨果曾這麼說：「我們所寫出去的信件或文章，就像在荒島上向大海丟出一只求救瓶，隨著天候潮汐，隨著命運，瓶中信會漂向何處，何時落到何人手裡，我們一無所知。」

　　是的，正因為我們一無所知，所以我充滿希望。

_____

_____

_____

_____

_____

_____

_____

_____

天長地久的願望

「偉文，你近來還好嗎？」龍應台老師問。

我大笑回答：「老樣子，但是沒有妳好，不像妳能到南台灣陽光充足的地方療癒！」

為什麼說龍老師到屏東潮州小鎮定居，是療癒之旅，雖然一開始是想陪伴她高齡九十多歲且已失智的媽媽，但後來發現，最大收穫是她自己被療癒了；讓原本已被台北的負面能量壓得破碎的自己慢慢復原。

　　在新書發表會上，我看著書封上的「天長地久」沉思著，提醒自己，於網路社群媒體盛行，行動裝置即時通訊裡時時刻刻產生了如恆河沙數般無以計數的泡沫訊息，瞬間生瞬間死，我們的生命不該耗費在如幻影般的事物上吧？

　　因此，我也願意時時提醒自己，將注意力放在更長遠的、更有永恆價值的事物，在生活中也以更從容，甚至更緩慢的節奏來對抗這超速旋轉，幻生幻滅的世界。

_____

_____

_____

_____

_____

_____

_____

_____

為何而活

尼采說:「一個人知道自己為什麼而活,他就可以忍受任何一種生活。」

其實只要人心中有憧憬，精神有更高更遠的價值追求，不要說是忍受，我們不但可以接受，甚至能夠享受任何一種生活呢！

　　不過這種憧憬或追求，不能是現實社會的金錢物質或功名權位，而應該是一種主動付出為更美好的世界而努力的一種目標。美國前總統雷根講過一句我非常喜歡的話：「假如你不在乎誰得到功勞和名位，那麼你可以做的事情有無限多。」的確，即便我們是個微不足道的小人物，沒錢也沒權，可是絕對可以為社會增添一點溫暖而正面的力量。

夢想與目標

我覺得大多數人對於自己生命的志向（或者說天賦、夢想、或使命）一開頭或許只是小小的念頭，一個非常模糊的概念，然後在跌跌撞撞中，搭配上各種機緣，才會出現。

有時我會覺得，太早就發現自己天賦的人，反而會喪失許多可能性，錯過生命中路途中預料外的美好。

　　許多人把短期的目標誤以為是人生的目的、人生的意義或夢想，我認為應該要以更長期的眼光來看待自己的生命選擇。這種生命目的或夢想，與從小師長要我們訂定的目標截然不同。目標通常是有期程，可量化並且可以完成的。夢想剛好相反，它沒有完成的一天，正確的講，應該是可以讓我們一輩子追尋，在我們離開人世之前，沒有所謂的完成，然而，我們每一天的努力，每個時刻的選擇，都可以朝它趨近。

　　夢想不是現實的目標，因為理智的規劃常在時代變遷的洪流中淹沒；而心願是種神祕的力量，會召喚出許多的貴人與機緣前來助我們一臂之力，而且我覺得具體的目標會形成生活的壓力，使我們充滿了挫折，而夢想卻給予生命熱情，讓我們每天迫不及待地起來面對新的機會。

在世界行走

古代的和尚找不到人生的答案就會出門行腳。是的，走在路上比較容易想出一些事情。

我們要給自己一個在真實廣闊的世界中行走流浪的機會，從肉體的辛勞，精神的困頓，流汗、流淚，甚至流血中，體驗到自己真實的存在。

　　人生有意義且深刻的體會，除了需要經驗的累績之外，更需要安靜、孤獨面對自我後的沉澱，但是累積與沉澱，卻無法在忙碌紛擾的生活中產生。

　　有研究顯示：無所不在的數位科技，正在改變我們腦部的結構與生化性質，造成了許多精神失調的行為。而且一心多用，刺激太多，始終沒有給大腦安靜的時刻，也就沒有辦法進行深度思考以及有意義的創造；而且習慣在虛擬世界晃蕩，也無法建立穩定的人際關係，會逐漸跟現實脫離，與社會有疏離感，甚至物化而失去了人情的溫度。

_____

_____

_____

_____

_____

_____

_____

_____

不要嚐試教豬唱歌

美國南方有一句俗諺:「不要嚐試教豬唱歌!因為豬會不高興,你也會很累!」

在真實世界我們當然不會去教豬唱歌，但是我們幾乎每天都在做一樣的事。明明知道這時候跟家人講這些話沒用，我們還是要說；明明我們講了又講，每次都沒用，結果我們還是用一樣的方式在溝通。有沒有覺得，我們不就是那個諺語所說的人嗎？

假如一個人反覆用一模一樣的方式操作一樣東西，卻希望有不同的結果，我們大概會認為他一定是瘋了，那麼我們又如何能認為自己「總是」很理智的在跟別人溝通？

沒有挫折的人生

最近這些年常有機會演講，聽眾常有會問我人生裡曾遭遇那些挫折？因為次數實在太頻繁，不免讓我困惑，難道現代人真的是那麼脆弱，挫折不斷嗎？

其實一直到今天，我對挫折的感受還是一樣，只要你自己認為那不是挫折，就不是挫折，即便別人認為你不斷失敗或不斷受苦很可憐。把每一次失敗當作實驗的結果—原來這個做法行不通，心平氣和的接受，然後著手新的嘗試，心中沒有怨懟，也就沒有挫折所帶來的灰心或沮喪。

這並不是唱高調，而是非常理性的選擇。記得有一句名言是這麼說的：「如果你沒有一定要達到的目標，那你從什麼方向走都可以。」人生也沒有非賺多少錢、職位非當到多高不可，否則就不值得活這樣的事情，所以努力是當然，事事只要盡其在我就夠了，不可預料的結果就安然接受，不要浪費時間與精力後悔或折磨自己。

因此，我從來沒有挫折。

尋找幸福

人生的幸福很多時候是在於一些看起來沒有什麼意義的事情，
比如和多年不見的老朋友碰面聊天，比如和小朋友在山間步道
散步……

年輕時，以為偉大的東西，往往在追求到之後覺得不過爾爾，反而是當年我們認為不值得一顧的小事情會回過來日日夜夜啃蝕我們的心。

　　耶穌曾說過：「凡去尋找自己生命的人必將失去它。」一個人若太專注於自我，那他就會失去自我，一個人出發去追尋自我的人，往往也是開始失落自我的人。

　　我們無法靠關起門來沉思「發明」自己的生命意義，只能從與周遭環境的互動，在世俗的工作和人際關係中去「發現」生命的意義。

_____

_____

_____

_____

_____

_____

_____

_____

_____

傾聽心靈之聲

精神分析大師容格曾這麼說：「人到中年會罹患精神官能症，
因為他們一直在逃避自己，偏離自己內心的呼喚。」

其實要傾聽自己內在的聲音並不容易，赫曼赫塞在《徬徨少年時》書中這麼寫著：「我只不過想要努力生活得和來自真正自我心中的一些啟示相一致而已，為什麼會這麼艱難呢？」

　　要能傾聽自己心靈內在之聲，依循自己的鼓聲前進，不盲從也不逃避各種有形無形的壓力，有幾個重要的方法：首先是要能夠獨處，不管打坐、靜坐或沉思或寫日記，總之每天一定要留下一些獨處的時間；另外是要儘量過簡單的生活，去除不必要的物質追求或聲色娛樂，當我們的身心安靜下來，才能聽到內在的聲音；最後是多與大自然接觸，在自然中，我們比較容易感受到萬物一體，生命同源的永恒感，這種來自大自然的生命力量，在生命困頓時可以幫助我們超越，在平時可以有安定與快樂的心境。

疾進中深情回首

秋天時分，我喜歡站在山頂，眺望遠處，在秋風中想著作家趙寧寫的：「總是覺得好多好多事沒做，好多好多心願沒有實現，總是惶恐的對自己說，年華老去，壯士不應該消沈……」

其實，自己常常是很矛盾的，到了這個年紀，情緒還是如此反覆。既為將來的計劃興奮焦躁，復為逝去的歲月傷懷；既覺所學有限，又不願拋下慣有的好奇與興趣；會為孔老夫子「知其不可而為之」「雖千萬人吾往矣」感動得不能自己，卻又嚮往道家飄逸的遁世。

　　我想，人的一生大概就是這樣吧，在對立中求取協調，在競賽中尋找平和，在疾進中深情回首。

_____

_____

_____

_____

_____

_____

_____

_____

_____

_____

_____

山林的呼喚

人人都需要一座山，人到了一定的年紀，自然荒野就會前來呼
喚他。

在全球化競爭壓力下，絕大部份人口不得不在擁擠的都市裡討生活，人們開始渴望到清幽雅靜的地方舒解壓力，因此這幾年所謂生態旅遊的風潮盛行。年紀大一點的人退休想搬到山裡頭，經濟能力好一點的就想辦法買片山坡蓋別墅。可是，我們愛一座山，卻不該出賣整座山的靈魂，當每個人都到山上找希望時，會不會在無意中讓山林失去了它的未來？

　　西雅圖酋長這麼提醒著我們：「人類並不擁有大地，人類屬於大地。人類試圖要去改變生命的所有行為，都會報應到自己身上。要在你心中常保對大地的記憶，在你心中常存大地原貌，並將大地的原貌保留下來給你的子孫。」若你愛山林，請不要傷害它！

_____

_____

_____

_____

_____

_____

_____

給自己最好的禮物

很久以前，歌手李佩菁曾唱過一首歌：「我願好友都能常常相聚首，對著明月山川相問候……」

若是有人問我這些年熙熙東奔西跑所為何來？我會這麼回答：「我想要一些三十年的朋友，在塵世間所有虛妄的追求都過去之後，我們能夠滿臉皺紋，怡然相對，喝一壺粗茶，一杯濁酒，談一些閒話，享受經過沉澱的人生醇味……」

　　總覺得朋友是我們給自己最好的禮物。從小喜歡看武俠小說，也喜歡鹿橋的「未央歌」，對於書中來自四面八方的英雄好漢共譜友情之曲深深嚮往，這些年我在荒野裡，的確也實現了小說中那種俠義之情的浪漫理想追求。

_____

_____

_____

_____

_____

_____

_____

_____

_____

_____

_____

孤獨與合群

在各個不同民族的神話傳統中，也一直有英雄三部曲：英雄在群體中成長，然後離開獨自冒險，然後再返回故鄉。

人的一生或許就是在反覆如此的循環－孤獨、找伴、融入族群、建立家庭、要求獨處、隔離自己、孤獨、找伴……裡不斷地歷練與成長。

　　人生中總有某些時刻自己覺得別人都不了解自己，自己與整個世界都格格不入，只想自己靜一靜，希望想清楚自己到底是誰。不過，人畢竟是群居的動物，從生物演化過程來看，人自古以來必須在群體中才能生存。

　　追求自己存在意義的人類必須透過獨處，來面對永恆，這個世界與無盡時間的永恆，在這永恆面前，體認到自我，一個恐懼獨處的人也是在逃避面對他人的自我。可是很矛盾的，真實的生命意義卻又必須在人群中實踐，因此合群也是必須的，一個不想跟其他人往來，不想跟這個社會、這個世界有任何關係的人，他的存在也就沒有任何意義了！

只要有一點點光

李屏賓是電影的攝影師，攝影師往往隱在鏡頭之後，沒被人看見，但是事實上一部電影會不會打動人心，影像的構成非常重要。

就像李屏賓說的：「影像必須要有一個氣味，讓鏡頭能夠說什麼，有味道的影像非常迷人，它對整個電影的結構、語言，故事的內容是非常有幫助的。」

　　就像人生，重要的是我們所選擇觀看世界的方式。我們選擇什麼角度或什麼觀點來看待世界，也就是選擇我們的價值觀。李屏賓說，他在攝影中一直想傳達的人生觀就是：「景物依舊，時光流逝，人事已非。生命還有希望，一點點光。」是的，只要有一點點光，就可以帶我們到遠方。

金錢無法購買友誼

小王子書中說：「很多人不再有時間去認識東西，他們在商人那裡買現成的東西，但是因為商人並不賣朋友，所以很多人沒有朋友。」

的確，在這個消費時代，每個人都習慣用錢來購買一切，用錢快速的解決一切問題，可是真正的友情必須建立在人與人之間漫長時間的溝通與付出的真誠關懷，急不得，更不是可以用金錢或物質來交換的。

　　金錢是一種交換工具，我們付出金錢來換得我們認為值得的東西，或者我們貢獻出我們所擁有的（包括時間和能力）來換得我們認為值得的金錢，因此中間充滿了計算與功利的目的。但是，真正的友誼不是如此，它是超脫世俗金錢價值，好友相聚，或許沒有目的，沒有顧忌，彼此胡言亂語，盡情笑談，可是帶給我們的快樂與心靈滿足，很難用金錢換來。

音樂與生活

哲學家尼采在一百多年前曾說:「沒有音樂,生活將是一種錯誤。」對我而言,音樂,是心靈流浪與獨白的一個媒介。

鋼琴怪傑顧爾得也曾這麼說：「音樂可以隔開人與世界，可以保護你與世界保持一定的距離。」

有個古老的猶太民族傳說：有位神祕的提琴手，在你流浪途中倦了、累了、心力交瘁、暗自流淚的夜晚，他將出現在屋頂，拉出一首曲子，來撫慰孤獨的心靈。不知道是不是因為這個傳說的緣故，還是電影中太多首很棒的歌曲，《屋上的提琴手》這部音樂電影看了很多次。「小王子」這本書中說，每當他情緒不好時就會看落日，因為他的星球很小，只要挪動一下，又可以看到落日，他說，有一天他看了四十六次落日。

我們不在小王子的星球上，我們沒辦法常常看到落日，但是我們有 CD、有音響，可以隨時在音樂的世界裡倘佯。

生命中的靈魂伴侶

所謂的靈魂伴侶，就是跟你步上紅毯的那一位。

夫妻幸福之道，千言萬語可以歸納成兩個原則，一個是要努力使自己被對方欣賞，另一個是努力去欣賞對方。

《屋上的提琴手》這部電影，在這三十多年來，我反覆看了許多次，其中有一幕印象非常深刻：當劇中的女兒為了拒絕父母安排的婚事，想嫁給窮小子時，男主角想說服他的太太，就問正忙於煮飯的太太：「你愛我嗎？」太太聽了以後大為驚訝，回答說，我不是已經跟你在一起二十五年了嗎？我為了你養大三個女兒，我做三餐給你吃……她每回答一句，他先生就問同樣一句話：「你愛我嗎？」

是的，我們對另一半的愛意，除了落實在為這個共同的家庭努力之外，也要明確地讓對方知道還是愛著彼此。因為婚姻不只是去獲得或擁有那個戒指或證書而已，而是必須在往後的人生裡透過不斷地選擇，時時去分享，去展現彼此的感受。

_____

_____

_____

_____

_____

_____

_____

_____

錢的用途

錢的最大用途是分享與創造人類真正的幸福。英國哲學家培根說:「金錢就像肥料,不播灑出去就不能算是好東西。」

在培根那個時代的肥料大都是動物的糞便，所以他的意思是灑出去分享是有用的，但留在手邊會發臭。

善用金錢讓它發揮最大效用，這道理很簡單，但是很難做得到，因為「錢」本身具有一種魔力，你擁有愈多，就會想獲得更多。哲學家叔本華比喻得很傳神：「財富如同海水，你喝得愈多，就越感到口渴。」往往有人會説：「等我先賺到足夠的錢，再來做好事。」或是説：「等我存夠了錢，再來好好享受人生。」其實會説這樣話的人，永遠不會有等到的那一天，因為錢再怎麼賺，都是賺不夠的，那些説有錢再來做好事的人，往往在賺大錢過程中，價值觀就改變了。

準備好的時候

我們常用言語講道理，很容易理解，但卻不容易深刻體會，甚至往往變成我們日常生活的態度或價值觀，這就是所謂知識上的認知與生命頓悟兩者的不同。

要獲得「頓悟」並不容易，只有我們被感動，或我們生命情境與某個遭遇有所呼應的狀況下，這些故事或情境才可能帶給我們頓悟，這也就是有句話說「當學生準備好了，老師就出現」的意思。

　　至於什麼時刻是「準備好的狀態」？

　　當一個人處在困惑、徬徨、或好奇時，就是準備好的時候。這也是一個人要去真實的世界歷練的原因，當我們到陌生的地方，會好奇；當我們很努力，卻不斷地遭遇挫折或困惑；或者我們被朋友傷害時會難過、徬徨……也就是說當我們有煩惱、有需求時，出現在眼前的一句話、一個概念，或者一花一草、一陣風一陣雨，都可能帶來生命的啟示。因此，多去冒險，多去歷練，這不但會豐富我們的生活，我們也會在一次一次的「頓悟」中提升生命的境界。

_____

_____

_____

_____

_____

_____

_____

_____

做人與做事

手機常關機,從來不回覆別人的來電,更少主動打電話給別人,的確會得罪不少朋友。但是一直記得多年前聽過李敖講的一句話:「得罪別人常常不能做事,但得罪自己,往往不能做人。」在做事與做人之間,我選擇做人。

我們在年輕時怕別人不喜歡自己，怕自己不受大家歡迎，年紀愈大，反而愈來愈在乎是不是喜歡自己。有時候覺得，人到中年，若還過度在乎別人的看法，未免活得太可悲了吧。

　　一個人喜不喜歡自己是很重要的，中年以後，已經沒有不快樂的權利，如果不快樂，也要自己負責，不能把責任推給別人。

善意與因緣的起始點

在世間因緣的流轉中，我總是相信任何的善意與付出，總會留下痕跡，即便沒有錢、沒有能力幫得上忙，但是「對一件好事表示感謝，也如同做一件好事一樣偉大」。

在網路無邊界的世界，即便只有一個人，只要持續將美好的訊息傳播出去，不斷對別人的努力給予真誠的讚美，也許就能造成巨大的影響。我們也許無法登高一呼引領風潮，但是我們絕對可以隨時保持著一種「準備好」的心情，一旦發現有人願意挺身而出時，自己可以馬上有善意的回應，好讓這個初萌芽的種子有生根茁壯的機會。

人人都能夠成為那個可能被踐踏，也可能被呵護的種子，或者，我們也可以做個積極主動播種的人，成為每一個善意的傳播者與因緣的起始點。

人生的迴力棒

有人形容人生好像在丟迴力棒一樣，雖然你用力朝一個方向丟
出去，但是你卻不知道它會從什麼方向轉回來。

學生生涯中，我幾乎沒有認真上過一堂課，在教室裏不是在胡思亂想作白日夢，就是偷看課外書；到了高中大學，更是請公假加上翹課，在教室外的時間遠比在教室內多。因此，正規的課業幾乎全都是自力救濟，或者說是自力更生也頗為恰當。這麼一個不專心聽講的人，現在居然經常必須站在演講台上演講。這大概是老天爺在處罰我吧！

　　有一個朋友當上教授之後，說他最大的痛苦是每次上課都必須到，再也不能享受翹課的樂趣。我相當同情，也能理解。

分享美好的事物

英國作家吳爾芙（Virginia Woolf）曾說：「一切都不曾發生，直到它被描述。」雖然記錄也許很快被淹沒在資訊大海之中，但若沒有留下記錄，許多真實發生的事情就如同煙塵消散在空中，很快連當事人也不復記憶。

也許有人會抬槓：「如果會忘掉的就代表是不重要的，何必浪費資源去記它呢？」在公益團體裏，記錄伙伴的付出與努力，並不是自誇自擂的炫耀，而是一種感謝。

　　自從卸下荒野保護協會理事長職務，多出來的時間就以寫作及演講當作社會服務的實踐。

　　為什麼是寫作與演講？

　　希望把我看到的、令我感動的許許多多人的努力，藉由文字與話語，讓這些善意在世間流轉。《少年小樹之歌》書裡的這段話正是我的信念：「當你遇見美好的事物時，所要做的第一件事就是要把它分享給你四周的人，這樣，美好的事物才能在這個世界上自由自在的散播開來。」

　　評論家南方朔曾說：「許多事，必須一直做下去，始能漸漸被人明白；能被明白，就彷彿暗夜旅人有了一燈相照，那是值得，也是幸福。」

看見日常生活之外的世界

美國國家公園之父，約翰謬爾曾這麼自我期許：「我在有生之年只想誘導人們，觀賞大自然的可愛，我雖特出卻微不足道，我願做一片玻璃，供陽光穿透而過。」

我也希望我的文字就是那一片讓陽光穿透而過的玻璃。這些年花了不少時間寫文章，祈盼大家可以透過這些文字看到日常生活之外的世界。

　　我最喜歡的一部小說—《唐吉訶德傳》，其中有個容易被人忽略的角色，那位夢幻騎士身旁的隨從，矮胖又粗俗的農夫 sanko。當唐吉訶德一次又一次向風車挑戰，一次又一次去打那不可能打敗的敵人，他是個無視於現實的夢想者，他的視線看出去的世界有許多盲點與死角。相對的，世俗又現實的 sanko 卻在一次又一次與唐吉訶德的相處應對中，逐漸有機會透過唐吉訶德的「鏡片」，往另一個世界望去，雖然他看的沒有唐吉訶德看的那麼真切，但是，一旦他看到了、體會到了，也會知道那個世界一樣真實存在著。

_____

_____

_____

_____

_____

_____

_____

為生命做註記

回顧過往，很多當年似乎是巨大到難以承受的事，時過卻杳無
痕跡，而小小的善意與話語，卻會在腦海中不斷盤旋。

人能擁有什麼呢？大概只有付出的，才能留存於世間吧？面對生活，要用整個生命的強度與熱度去擁抱，記憶是取決於強度，而非長度！

　　有部電影裡，男主角説：「剛才在洗手間時，我的一生在我眼前閃過，我看到我的一生，最好笑的是，我並未參與其中。」

　　我們如何為歲月做註記呢？

　　很多人在孩子出生後，就以孩子的年歲做註記，有人是以生命中的大事來標定時間，也有人以心儀的典範人物年表當標竿，比如格拉瓦或莫扎特死亡的年紀，這些生命中的節點，讓我們在面對數以千計萬計待填的日子裏，有了頓號，有個起承轉合的分段點，讓我們可以駐足，可以反省，可以重新再出發。

_____

_____

_____

_____

_____

_____

_____

掌握不確定時代中
的幸福

在一場有關產業發展的研討會中,有位趨勢專家忍不住感慨地
說:「不是我看不清楚未來,而是未來變化太快了!」

全球化的高度競爭與變化快速的世界，大概是現代人焦慮的主因，可是當我們急急惶惶地想在這不確定的時代中掌握致勝先機，往往會忘掉其實還有很多事情是非常確定的，尤其關於我們自己是不是過得幸福快樂，絕大部份是我們可以控制的，這和賺多少錢、位居什麼職位通常是沒有關係的。

　　真正的快樂，決定在於與家人相處的氣氛，決定在與同事彼此間是否親切互相幫助，決定在是否有一群相知相惜的好朋友，當然，還決定在自己是不是有個健康沒有長期病痛的身體。

檸檬與檸檬汁

幸或不幸，真的很難說，有人可以把手中又酸又澀的檸檬，榨成滋味豐富又營養的檸檬汁，遠比單調的糖水或無法入口的檸檬來得美味。

真實人生中，我們往往會盼望自己有好運氣，能輕輕鬆鬆過日子。可是生命歷程裡，不乏人們以為是困苦倒楣的遭遇，其實正是上天給予的禮物與祝福，而認為的「錢多事少離家近」，是千載難逢的好機會，卻可能是人生悲慘境遇的源頭。

　　幸運的人大概也比較是活在當下的人，能夠感受周遭的環境，享受生活的點點滴滴，發現遇見的每個人事物所帶來的意義。換句話說，活在當下的人通常能夠掌握生命中突然來到的機緣。至於焦慮、不快樂、運氣差的人，或許精力都放在為了往事而後悔，或煩惱未發生的事情，反而忽略了身邊所潛藏的機會。

　　幸與不幸似乎跟遭遇沒有太大關係，而是性格與態度左右了運氣。

下雨的星期天下午

作家隱地曾說：「一個過份忙碌的人，會喪失愛別人的能力。」

忙碌工作時，我們的世界只有業務往來的客戶及同事，即便不是充滿銅臭與功利算計，也很難有機會練習「愛的能力」。若是加入公益團體，在不計名利的純然付出中，不但可以找到生命的意義與價值，而且可以持續到退休後，同時在與年輕志工一起共事中，傳遞我們的人生經驗，能有所貢獻是幸福感另一個重要來源。

　　當我們保有一些興趣，有一群老朋友，再加上定期參加公益團體的社會服務，就不至於如幽默作家所說的：「千百萬個渴望不朽的人，卻不知道在一個下雨的星期天下午該做什麼。」不只是星期天，退休後可是天天都是星期天，若找不到事情做，那種寂寞可會把人逼瘋。

生命的大玩家

生命要活得豐富精彩，所謂「精彩」，並不是要賺得萬貫家財，
或是功成名就，而是擁有不後悔的人生，一種淋漓盡致生命全
然展現的人生！

幾十年來，「一生玩不夠」是我的座右銘，我所謂的「玩」，是指人生應該致力於做個大玩家，一般人玩電動、玩股票、玩政治、玩名利，都是小玩，唯有玩山水，遊於經史子集，感於泰山之矗立、嘆於流水之不捨，大自然之奧祕，才稱得上是真正的大玩家。

　　一生走到盡頭，能留下來的只有回憶，我發現真正的回憶來自對人事物的熱情，雖然這樣的熱情在外人眼中可能被認為是愚蠢。多數的人會自詡為聰明的旁觀者，但是他們似乎忘記了，只有奮力投身進入生命中，好好大玩一場，才不枉此生！

懂得放棄的幸福

永遠，只是一種虛幻的渴望。生命如同辛波絲卡（Wislawa Szymborska）的詩：

他們彼此相信是瞬間迸發的熱情讓他們相遇，

這樣的確是美麗的，但變化無常更為美麗。

每次和朋友揮手告別，每次轉身離去，心裡總會浮現禪宗六祖慧能所講：「此心本淨，無可取捨，各自努力，隨緣好去。」太瞭解因緣的流轉，而將每次會面與分別，都當作生命中絕無僅有的唯一相會。

　　生命中許多時刻，我們是無能為力的。瞭解到每一次相遇，也許就是彼此生命中唯一的錯身，就漸漸沒有了遺憾。這不是因為獲得更多，而是懂得了放棄，懂得了不強求，也懂得每次的因緣，都是生命中美麗的流轉。

精衛鳥的幸福

古代傳說中的精衛鳥,一次又一次地銜著小石頭填補波濤洶湧
的大海。做為一隻鳥,牠是幸福的,因為牠相信自己做的事情
是十分重要的,甚至牠相信銜石填海或許有一天可以達成。

姑且不論是不是可以達到世俗所謂的成功，但生命因為實踐的勇氣而活得精彩，卻是真實而值得的。

　　面對複雜且龐大的全球經濟體系，每個人似乎是汪洋裡的一滴水，顯得如此渺小，可是整個海洋不就是這些微不足道的水滴所集合起來的嗎？每滴水都有它的責任，每滴水的貢獻都有存在的意義。

_____

_____

_____

_____

_____

_____

_____

_____

_____

_____

_____

_____

善待自己與別人

體貼甚至原諒別人，才能夠將自己從負面情緒裡釋放出來。

美國總統林肯在南北戰爭時，有許多戰役只要在前線的將軍勇敢一些，似乎就可以提早打贏，在華盛頓的幕僚一再要求林肯寫措詞嚴厲的信給那些將軍，甚至要林肯下令懲罰他們，林肯卻說：「當我們在後方這裡舒服地說東道西時，那些將軍正在嚴寒的壕溝中凍著雙手雙腳，身邊全是斷手斷腳的傷兵在哀嚎，易地而處，或許我們也會想休息一下。」

　　達賴喇嘛曾說：「如果對那些讓我受苦的人產生惡劣的感覺，只會摧殘內心的平靜。但是如果我能夠寬恕，我的內心就會平靜安詳。」若是懂得傷害別人的人或許正是心靈受傷害的人，我們就應該能夠慈悲以待。

　　若事事盡量朝光明面去想，不但比較快樂，也會較幸運。根據研究：幸運的人，「腦」裡總是保持愉快的狀態。所謂「愉快的狀態」，並不是真的碰到好事而快樂，而是無論如何就是要快樂，即便是假裝快樂也可以。

累死與煩死

蘇格蘭諺語:「辛勤工作決不會致人於死,人們只會死於厭煩、
心理衝突和疾病,愈努力工作,愈能保持健康愉快。」

的確，肉體的疲憊，只要睡個好覺就可以恢復，而我們，所謂累，通常是壓力以及心理上無法及時調適的緣故，當然挫折等心理衝突若沒能化解，也會造成身體的倦怠感。

　　再來，要以盡人事聽天命的心情來看待努力的結果，讓努力做事的動機來自於自己的內心，而不是希望討別人的歡心或追求外在的虛名或享受。另一方面，則是以一天專心過一天的心情來享受每一個當下的時刻。在一呼一吸的每一瞬間，認真去感受，不必想從前已經有多少的努力，已做多少事，多辛苦，也不必擔心往後還有多少任務要達成，或是有多長的路途要走，因為擔心也沒用，未來的臨場表現，不就是現在認真生活所累積出來的功夫嗎？

　　把睡醒的每一天當作新生命的開始，既然是全新的開始，就不會被掏空疲倦的負面能量影響。

混亂是人生的真貌

叔本華哲學家說：「當你回顧一生時，它看似規劃好的劇情，當你身歷其境時，卻是一團糟，只是一個接一個而來的意外，事後你再回顧時，卻是完美的。」

當下的混亂是人生的真貌，因此不必太焦慮恐懼，面對每個選擇只要秉持自己的初衷，始終走在自己的道路上，事情便會如你所願，因為那是從未有人走過，正因為沒有前例可循，所以發生的每件事都是令人驚訝而適時的。

　　真正的祝福，往往以痛苦、失落，和失望的外表出現，只要我們耐心等待，最終就會看到它真正的面貌。

接受不同的事實

義大利導演費里尼說:「夢比現實還真實。」對很多相信夢境的原住民部落來說,夢裡發生的事情,可以左右他們的現實世界。換句話說,和我們情感有互動的世界,我們願意相信的世界,就是真實世界。

一定要常常提醒自己，盡量不要跟別人爭辯，因為你所看到的事實與別人看到的事實很可能是完全不同的。也許世界上真的有一個理性或客觀存在的事實，所以有這句話，「真理是愈辯愈明」。但是，我們雖然處在同一個世界，但是看到或感受到的事實卻是完全不同的。

　　發現與朋友對事實的看法不同，只要向對方表示，我尊重你的觀點，然後就不要再爭辯了。記住，沒有絕對的事實，只有觀點的差異。不要爭執什麼事實才是對的，只要同意彼此的觀點不同，記憶不同，然後就繼續往前走，千萬不要把追尋共同目標過程碰到的困難，當作是目標，很多的爭議是不必解決的，只要繞過去就好了。

我們在乎什麼

人生的選擇雖然沒有是非對錯之分，卻有境界高低之別。國學大師錢穆曾建議年輕人要「培養情趣，提高境界」。

這八個字我一直銘記在心，期望自己透過閱讀文學作品，讓自己能從較超然的角度欣賞人生，並且從前人經驗中落實為自己人生選擇的參考。

　　研究調查發現：幸福感跟自己的時間分配有關，當我們大部份的時間都可以花在自己喜歡或在乎的事情上時，就會覺得自己是幸福的。

　　人有百百種，每個人看重的東西都不一樣，有人為了家庭可以放棄事業，有人可以為了事業不顧家庭，有人追求財富有人渴望名聲，其實沒有是非對錯。只要我們大部份的時間都花在我們在乎的事物，我們就會覺得此生是值得的，當然也會是快樂的。

給自己出點狀況

侯孝賢導演在某次媒體採訪時，說了令我心有戚戚焉的一段話：
「當拍片過程太順利時，我反而會害怕，然後會想辦法出點狀況。」

其實他這樣主動給自己找麻煩，是了解到，只有在面臨挫折困頓失敗不如意時，才會停下來思考：「再來要怎麼做？還有其他什麼可能性？」

因此，這些年若有機會到頂尖大學或明星科系演講，和那些一路過關斬將的優秀學生聊到有關生涯規劃的主題時，都會特別提醒這些天之驕子，人生最大的困境不是當你面對困難抉擇時的徬徨，反而是因為一路順遂—考個好成績、讀個好學校，然後找到好工作，娶到好老婆或嫁個好先生，然後生個乖巧優秀的好孩子……然後一生就這麼過完了，因為太順利，一切又太理所當然，所以我們忘掉了原來人生還可以有不同的選擇，原來人生可以不是這麼過的。

興趣及早培養

林語堂說:「如果願意,這人生足夠我們享受了。」

任何嗜好、興趣，都必須及早培養（甚至交朋友也是），一路養成習慣，到年紀大了，才能依然保持濃厚的熱情與對生命的信心。

　　撥一點時間，做做自己感興趣的事，找一個空檔，學學讓人開心的新事物，把昔日嗜好重新撿起來溫習一番，任何一種樂趣，任何快樂之道，其實都是一種習慣，需要時間去陶冶，也需要熱情去灌溉。感興趣的事今天不做，明天也許就不會執著了。因此絕對不是等到有錢了，等到成功了，等到退休有閒了，樂趣就自然可以手到擒來。

沒有萬劫不復的決定

人生不是單一次的選擇，沒有萬劫不復的決定，甚至當我們面對痛苦的兩難抉擇時，生命經驗告訴我們，當下的決定只是一時的，人生繼續往前走，在不同時刻的不同階段，都能夠繼續重新選擇。

沒有絕對的對或錯，每次的選擇只會帶來不同的結果。當我們遇到困難時，必須提醒自己究竟什麼是最重要，安靜下來聆聽自己的聲音，任何決定一定有人認同，有人反對，但是我們的人生，要自己做決定，自己承擔結果。

　　有人比喻十個跟我們有關係的人當中，不管我們做了什麼事，一定有一二人絕對支持，有一二人怎麼樣就是看不順眼，另外六七人則是不太在乎，也沒有特別意見。我們幹嘛為那些總是會有意見的人搞得心神不寧，甚至左支右絀，難以為人。

從從容容的過生活

快樂自在的過日子，有時候只是心境轉變，更多時候只要我們
多給自己幾分鐘時間轉換環境，心境就會隨之而變。

古人說，偷得浮生半日閒，不管是搭捷運上班時早一站下車，當作散步，或者出差時早半天到或晚半天離開，當作一趟小旅行，甚至利用午休時間做點有趣的事，或者來場甜蜜的小約會，都是改變情境的好方法。

　　現代有更多人會利用短短幾分鐘打坐（或稱靜坐），閉眼練習深呼吸，這些放空的練習，都是非常有效的方法。

　　忙不該是藉口，反而愈忙愈要想辦法做到從從容容的過生活。

小心掉入完美主義
的陷阱

完美主義往往是因為恐懼，害怕失敗被人瞧不起，而去努力，
不是來自於覺得事情本身有趣好玩而很想去做。這種依賴別人
肯定或讚美來建立自己價值的人，很難真正享受生活的樂趣。

我們關注的往往就會發生，所謂心之所嚮目之所見，若是求完美是因為恐懼，腦袋就會一直想著不好的事，意外發生的機率似乎也會較高。倘若我的任務是被興高采烈的熱情所推動，動力是來自於「想要」體驗的事物而非想要「避免」不想要的事物，那麼不管事情的結果是如何，我們的感受與心情是絕對不同的。

　　追求完美也會使我們不願意嘗試新事物，因為害怕失敗、害怕輸給別人，所以會用各種理由來逃避挑戰。這種個性很難對人生感到滿意，因為為了肯定自己的價值，會不斷跟人比較。只要我們習於跟別人比較，陷入與人競爭的思考模式，人生就此走入痛苦的不歸路。

誰要為你的人生而活

心理學家阿德勒曾經提醒我們:「假如你不為自己而活,那誰
要為你的人生而活?」

若老是想尋求別人的認同，時時在意別人的評價，那你就是在過別人的人生。我們不該為了別人而活，而別人也不是為了滿足我們的期待而活，一方面不必擔負起屬於別人的人生，一方面我們也不必為了別人的反應而煩心。

　　我們是活在社群中，所以阿德勒很清楚明白地說：「人類的煩惱都是人際關係的煩惱。」他主張人生的課題只能自己解決，因為只有自己可以改變自己，一個人不可能了解另外一個人，更不可能改變另外一個人。

　　我同意阿德勒的論點，也相信只要盡力做自己能做的事，事情就會在該改變的時候發生改變。不必強求，也不必遺憾。

乘興而去興盡而返

忘了是誰說的，有些人過著有秩序的生活，那是種能力；有些人能過著混亂的生活，那是種活力。

總覺得活的幸福快樂的人都是很認真的人。認真與努力不同；認真是活在當下，面對當下的機緣，而努力則感覺有點勉強，似乎追求著不屬於自己的事物。

　　作家伊曼紐說：「真正的你，在努力碰觸不到的地方，等候著你。」慧海禪師也這麼說：「追求，你將喪失，不追求，你就能得到；停止，它就在這裡，跑，它就不存在任何地方。」

　　有個古人曾經一時興起想去拜訪某個朋友，當他跋山涉水好不容易快要抵達他朋友家時，忽然掉頭回去。別人感到訝異，他卻說，我乘興而來，興盡而返，見不見沒什麼影響。我喜歡這種乘興而去，興盡而返的生命態度，當個自得其樂的人。

_____

_____

_____

_____

_____

_____

_____

_____

接納自我不同於肯定自我

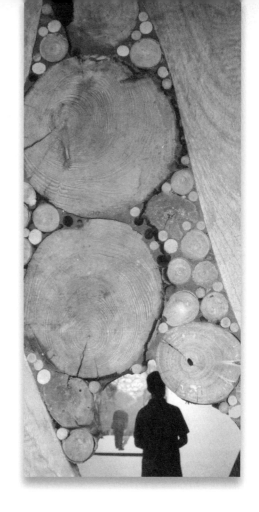

不要有太多得失心，這話說來簡單，要做到不太容易。首先要能夠接納自我。

124

接納自我與肯定自我不同，知道自己的有限，在無能為力下，坦然接受不完美的自己，然後再盡力找出方法往前進，不會欺騙自己，這是接納自我。至於肯定自我，往往是明明自己做不到，卻暗示我可以，我很強，也就是某種程度的自我催眠自我欺騙。接納自己的人是了解到沒有人能夠傷害你，只有我們的想法可能傷害自己。

其次，要能區分什麼是可以做得到的，什麼是做不到的。因此，我們將不再期待他人或改變他人，而是做自己能做的，並從此更懂得感激與寬恕，不只對別人，更要如此對自己。

當我們不再記掛著目標，不再惶然以別人的眼光左右著自己，我們就不會再恐懼，因為感恩與寬恕所呈現的慈悲，可以使我們勇敢無懼，甚至不用再追求快樂幸福，因為時時刻刻都處在喜悅中。

_____

_____

_____

_____

_____

_____

_____

沒有人在意我們

蘋果電腦創辦人賈伯斯說:「你們的時間有限,所以不要浪費時間活在別人的生活裡。」

賈伯斯也提醒：「所有外界的期望，所有的名聲，所有對困窘或失敗的恐懼，面對死亡時，都消失了，只有最真實最重要的東西才會留下。」

　　看過一則報導提到，曾擔任 11 年英國首相的柴契爾夫人，當她卸任首相恢復成一介平民後，生日只收到 4 張賀卡。有道昔時王謝堂前燕，這般世界級的政治人物既都如此了，若問台灣八年前或十年前的行政院長是誰？副總統是誰？相信答對的人寥寥可數。不必感嘆人情冷暖，別人如此待我們，我們亦是如此待別人。

　　很早就體會到，一個人的努力，在歷史長流中是何其微小，甚至連地球本身在無限長與無限大的宇宙當中也微小如塵沙，那麼我們還汲汲營營所為何來？

　　不必因為別人的看法而困住自己，失去了盡情揮灑的勇氣。很多時候我們覺得很尷尬，甚至很屈辱的事，事實上根本沒有人在意，也根本沒有人礙著我們，一切都是自己想的。

貴族與流浪漢

第凡內早餐這部電影裡的奧黛麗赫本說：「如果能夠一直被當成瘋子，是件相當方便的事。」

奧黛麗赫本説得真好！雖然一般人做不到那麼純粹的目中無人，倒是偵探推理小説天后級作者克莉絲蒂曾寫過：「能夠完全不管別人看法的，大概只有貴族與流浪漢。」

　　依據別人的眼光過日子，是失去生命熱情的開始，不斷與別人比較更是痛苦的根源，這種比較，在這個消費時代，無所不在的媒體常引誘：「買這樣東西就會快樂。」銀幕上光鮮亮麗的有錢人生活不斷對照出自己的寒酸不堪。可是當我們把賺錢當做人生主要目標，恐怕就會陷入更悲慘的情境中。

　　當然，有錢很好，但是人生除了錢之外，還有許多值得追求的事物。更麻煩的是，若錢成為生命價值之所託時，那就慘了，因為即便賺再多錢，一定還有無數個比你有錢的人，永遠比不完，也永遠無法獲得生命的自在。

_____

_____

_____

_____

_____

_____

_____

_____

像孩子玩耍一般

錢是工具,生活與體驗才是內容。拼命賺錢聚積財富,就像有
些不斷收集珍稀紅酒,卻永遠捨不得喝一樣,有人開玩笑說:
「紅酒喝下肚的才是永久保存,錢花掉的才是財富。」

我們說不必在乎別人，並不是說聲名品格不重要；說人生無常，並非指我們就不必再努力。我發現那些活得快樂幸福的人都是非常努力的人，依他們所願，也如願獲得地位、榮譽、財富或專業權威，他們的確都有各自的成功與成就，但是卻沒有因為太在乎別人所產生的自卑或驕傲。換句話說，他們努力是為了自己內在的動機，而不是別人加諸的光環，因此能夠隨時放下這些名韁利鎖的包袱，而是像孩子玩耍一般，享受當下所做的一切。

電影院與教堂

陳克華醫師說：「與其說我愛電影，不如說我愛做夢。縱然夢與現實平行永不相交；好人得勝，愛情精彩，正義彰昭，公理永存，思之令人落淚，夢醒現實雜沓紛紛至。目不暇給，在在令人身心重創，我愛電影，我愛夢。」

我喜歡看電影，如同作家隱地說的，因為有電影所以使生命值得活下去。電影和書都是我給自己的美好禮物。書，只有獨自閱讀，電影卻可以與朋友一起共享。

　　進電影院，與眾人一起看電影，氣氛與自己一人有很大不同。走入電影院，有點像走入教堂，因為兩者都是一種隔離，隱密的庇蔭所在，藉著對未來（天國）的盼望，暫時忘掉現實（人間）的煩惱。這也是我們在短暫休息後，再熱情地面對這個世界的動力來源。

不虛此生

當我們漸漸長大時，才真正體會到，原來我們常說的「永遠」
是一種虛妄的幻想。

年輕時以為自己可以掌握很多事情，可是年齡愈長，愈覺得自己的渺小和無能。偉大的東西，總有一天在得到之後，覺得不過爾爾，反倒是當時我們認為不值得一顧的小事情，卻日日夜夜啃蝕我們的心。

　　總覺得在無限大與無限長的宇宙時空中，人類何其微渺，在短短的一生當中，不可能成什麼大功、立什麼大業，所以，或許人生活的經歷就是生命意義之所在。因此，全心全意地感受生活的點點滴滴，盡心盡力活出生命的精彩，不管是成功或失敗，是挫折或順遂，只要我們用過心且努力過，那麼當我們回顧過往，才能對自己交代：「我不虛此生！」

_____

_____

_____

_____

_____

_____

_____

_____

_____

口述歷史

回顧家中長輩的個人生命史，對個人及社會都是非常重要的！
這個回顧可以讓我們重新看見當下的世界，並好好照顧現在圍
繞在我們身邊的人，珍惜生命中所擁有的事物。

我們是一個缺乏歷史意識的社會，這會造成許多問題，除了無法從過往歷史學得面對未來的智慧外，不知過去，不再緬懷祖先的民族，不容易找到讓自己安身立命的篤定感，當然，了解長輩過往的生活，也是表達我們感恩之意的方式，對長輩而言，也是一種此生無憾的安慰感。

　　當我們與長輩共同回顧過往的歷史時，當下的情境與氛圍，劃出一片不受干擾的時空，好比日本動漫中的「結界」，也像人類學研究發現的原住民族「神聖空間」。在特定的時空中，我們被要求停下腳步，仔細反省並回憶生命中的每個特殊時刻，相遇的每個人、每件事，以及說出口的每句話，然後學習。

走在山裡與海岸

喜歡一個人獨自走在山裡，那是種既豐富又安心的感覺，森林裡的眾多物種有其生命流動的韻律，花開花落，在自然的循環中，找到了天地與我並生、萬物與我合一的安心感。

也喜歡在海潮漲退中沿著海岸邊散步，所有的情緒都被帶向大海，甚至連理性的思考也沖刷一空了。像是隨浪滾動的貝殼，隨時迎接海與風沙的流動，不知不覺間，人融於虛空、融入海天一色了。若晚上在海邊走得累了，便躺在沙灘上仰望滿天星斗，感覺身體似乎慢慢向外展延，進入浩瀚星空。

　　最好獨自追尋寂靜。也只有在孤獨中，才能與自我對話。

祕密花園

在這個令人迷惑的年代裡，環遊世界、追尋偉大夢想容易，能夠注意到身旁發生的微小奇蹟卻很難。

大部分的人恐怕已經遺忘了每一天晨曦、每一朵地上的小花，以及許許多多習以為常的瑣碎事物，而正是這些事物構成了神奇美麗的世界。

　　這二十多年來，我們希望每個參加荒野保護協會的志工，在住家附近找一個屬於他們自己的祕密花園，並且定期去觀察與記錄。即使是一個乍看之下平淡無奇的自然環境，只要經過長期觀察，就會發現豐富有趣的變化。

　　這種屬於自己的「祕密花園」，因為去的次數多了，觀察久了，就會產生感情，這種與土地親密的情感連結，在個人的生命進程上，也會扮演非常重要的角色。不管是巷子附近的小公園，或河堤附近的矮樹叢。在一年四季中不斷去記錄和觀察，在不同時間、不同心情裡，我們的記憶會一個一個堆疊上去，這個地方就會融入我們私密的情緒，許多的笑聲與淚水，將使這個地方變成內心的祕密花園。當我們累了、倦了、有需要的時候，隨時可以召喚它。

_____

_____

_____

_____

_____

_____

_____

大自然流動的韻律

在城市中每天看見許多人，甚至在捷運上、電梯裡，人與人之間幾乎前胸貼後背，距離是這麼的近，但彼此內心卻是非常的疏離與寂寞。

我懷念那個物資困乏但人情卻很濃的時代，雖然生活比較不方便，但是心情比較快樂。這幾年我從城市裡搬到台北近郊山裡，也是潛意識裡想尋回小時候的生活環境，找回鄰居之間還保持著串門子這種古老而悠閒的習慣。

　　生活在人工化的都市裡，不管白天或晚上，一年 365 天，一天 24 小時，無時無刻都可以工作或活動，雖然方便，但卻也喪失了春耕、夏耘、秋收、冬藏，一年四季的節奏。違反自然韻律的都市永不止息、永不間斷地運轉下去，人無法喘息，時間的停滯也讓我們喪失了生命的感受。

　　我希望可以看到大自然裡生命流動的韻律，看到花開花落、寒來暑往，看到繽紛萬物生老病死，我們在這種循環中感受到生命的力量。

在春天，
你會想起什麼

唐代著名詩人李商隱曾寫：「曾醒驚眠聞雨過，不覺迷路為花開。」

曾經有個知名藝術家在紐約街頭看到一個瞎子，胸前掛了張大紙板，上頭寫著：「我是瞎子」，向路過的人討錢。那位好心的藝術家身上沒帶錢，就對那個瞎子說：「我幫你加幾個字。」結果沒多久那個原本空空的盆子，很快就裝滿了錢。那句讓路過的人都會動容的話是：「現在是春天，而我是瞎子！」

　　是的，在春天，你會想起什麼？

　　年紀愈大，愈能體會到李商隱寫的「曾醒驚眠聞雨過，不覺迷路為花開」。尤其這些年在全球化競爭的壓力之下，周邊許多朋友每每為周報表，季績效或年度計劃忙得一路往前衝，用一個又一個數字堆疊起自己的人生，從來沒有因為貪看路旁野花而迷路的經驗。但是，在人生中，為了欣賞沿途的美麗野花而迷途，這種情趣與自在，我覺得更是生命之所以動人之處。人生旅途處處繁花似錦，處處值得我們品嚐讚歎，不是嗎？

簡單生活的樂趣

慢下速度，增加生活的感受，正如許多宗教與靈修不斷提醒我們的，「活在當下」，才是幸福感的來源。

和幾個朋友假日到郊山走走，看到路旁小店在賣現摘現炒的野菜，點了幾盤，就在天光雲影涼風徐徐中用餐，忽然想起數百年前蘇東坡也是如此情境，在忙碌的生活中偷得浮生半日閒，吃的雖然是粗糙清淡的食物，但是只要心情對了，就是生命中美好的滋味，於是寫下了「人間有味是清歡」的感慨。

　　當我們能以悠閒的心情去感受周遭的事物時，就能從日常生活中再度發現許多賞心樂事。從簡單生活中找到真正的樂趣，不是因為流行或道德壓力，不要因為別人覺得你「應該」這麼過而勉強自己去做。

　　「簡單」就好像一棵樹，是從我們的內在自然而然長出來，而不是來自於外在，把新的樹皮貼在自己身上。傾聽自己內在的聲音，找到自己的簡單之道，重新感受生活的樂趣。

過河卒子般的人生

雖然明白人一出生，就是向著死亡的路程奔馳，然而對於死亡，
我做不到像莊子般可以「擊鼓而歌之」。

生命是不肯為誰等候的，成長啊，離別啊，滄桑啊，接踵而來！有一首西洋老歌〈不曾許諾的玫瑰花園〉裡這麼唱著：「我不曾許諾給你陽光下的玫瑰花園，偶爾總會有場小雨……」或許擁有玫瑰花園，擁有平順的人生，是我們對生命的期待。我們希望親愛的朋友能夠常常相聚，希望快樂的時光能夠永遠停留，以為所有的付出都可以有所收穫，期望一切的心願都可以實現……但是，誰能許諾我們？

　　也許，美好平順的日子，不是生命意義的真諦吧？倘若我們活在一切完美、一切順遂的環境中，那毋寧是一個窒息般的繭，人世間沒有永遠的烏托邦，只有無盡的自我追尋的旅程。

　　人生就像「過河卒子」一樣，要熱熱烈烈、盡心盡力地勇往直前，而生命的意義，就在於我們如何面對每個當下的生活吧！

風景是心情的展現

在國外旅行，看到美麗的風景心有所感之餘，會在販賣紀念品的地方，挑幾張紀錄當地景緻的明信片，找個路邊咖啡座，寫下自己的心情寄給遠方的親友，甚至是寄給將來返家之後的自己。

可是，當我們在自己的家鄉遊逛，或者到自然野地散心，產生同樣的感動時，除了拍下相片之外，是否會想到用文字或素描留下自己的心情？

　　因為外在景象引起內心感動進而抒發情意，自古以來就是我們文化的大傳統，從詩經的「關關雎鳩，在河之洲」，孔子看到流水的感慨：「逝者如斯夫，不捨晝夜」，或者「碧雲天、紅葉地，秋色連波，波上寒煙翠」，乃至於「枯藤老樹昏鴉，古道西風瘦馬」，幾句似乎對風景的簡單描繪就把整個心情烘托出來。

　　外在的世界，是人情感的展現；外在的世界，也是人情意的象徵，甚至可以反映出人類社會及當下的環境種種對話關係。這種內心的對話，可以讓我們更能感受這個世界的美好。

放棄還是堅持

許多古老的諺語勸我們，行百里者半九十，可是我們面對的真實世界、真實人生，也許我們努力了非常非常久，但是我們不知道是否正在參加一百公里的競賽？

我們也許會相信自己離勝利只差一步，只要再堅持下去，就可以抵達目的地，但是事實是真的沒人知道是只差一步，還是終點仍然遙遠無期；甚至也不確定是否真有一個所謂終點這樣的東西。

　　有時候即便我們再認真再努力，不見得就能夠得到相對應的成果，很多時候我們的命運決定於許多外在不可知的因素，也許公平，也許會不公平，但是我們都要能平靜的接受。也就是能夠讓自己培養出不管別人是否能肯定自己，是不是能夠獲得別人眼中的成功，還是都能不失望不沮喪，瞭解自己的價值，知道每一個人都是不一樣的人，因此，幸福對每個人而言也都是不一樣的，能夠決定幸福的，不是別人，而是自己。

不要太努力

哲學家史賓諾莎說：「一切定義都是否定。」有了限制，我們才能認識自我。

其實生命的開始，來自於細胞，細胞的形成來自於那一層細胞膜，將世界分成我己之內與我己之外，因為那層膜的圈隔限制，才形成生命。當什麼都可以，失去了界線，沒有了否定，也就失去了定義；當自我可以無限擴張沒有限制時，當然也就失去了方向感和存在感。

因此，每當別人說「你一定可以的！」「只要你願意，你就有無限可能！」只會讓我們覺得很累，很無力、很倦怠！因為我們被自己逼得不斷地活動，卻不知為了什麼活動！

法國社會學家艾倫貝格認為，現在社會要求每個人採取自動自發的行為，每個人都有義務去成為他自己，因此，憂鬱症患者往往只是拚命努力想成為自己，而把自己弄得精疲力竭！

我們就是我們等待的人

印度聖雄甘地說過一句不斷被引用的名言：「在這個世界上，你必須成為你希望看到的改變。」

是的，我們不必期待別人改變，我們如果希望看到世界改變，那麼首先就要改變自己。

　　我們往往會像「等待果陀」戲劇裡那二個人，等待那個從來不曾出現的果陀，我們總期待生活中會有些不一樣，總在等待未來某個時刻幸福就會降臨，我們等著長大，等著找理想的工作，等著加薪，等著升官，等著退休，可是最後卻會發現，從來沒有人承諾會給我們玫瑰花園。

　　人生就像美國前總統歐巴馬所說的：「期待他人或等待未來，改變將永難實現。我們自己，就是我們等待的人。我們自己，就是我們尋找的改變。」

不選擇也是一種選擇

多年前看到一句猶太人的古老諺語:「不選擇也是一種選擇。」
蠻震懾的,這些年仔細思索,往前回溯自己的前半生,才會慢
慢體會到這一句話的意思。

原來許多我們以前覺得別無選擇的事情，以為沒辦法，是父母親逼我們的；沒辦法，是老師一定要我們這做的；沒辦法，是老板要我這麼做的……很多當時以為別無選擇的事情，其實都還有可以改變的空間，只是因為我們的懶惰，我們的害怕，我們的怯懦，我們「選擇了不選擇」；原來在當時我們已經選擇過了，而不是無法選擇。換句話說，當我們腦海裏浮現或嘴巴說出這些話：「隨緣」、「順其自然」、「算了」……我們就在那個當下選擇了「不選擇」，我們已經用行動來呈現自己的選擇。

　　當我們真的能夠了解「不選擇也是一種選擇」時，就不會給自己找藉口，也不會東埋怨、西埋怨，可以活得清清楚楚，接受生活中的每個境遇，進而把握生命中的每個機緣。

人生永遠可以重新開始

心理學家阿德勒認為：人可以不斷重新設定新的目標，在每個當下重新做選擇的，不管過去有什麼遭遇都無所謂，未來我們想做什麼事，想變成怎樣的人，都可以從現在設定目標與步驟去達成。

可是喜歡找原因的人類，常常會用心理學家佛洛伊德的理論來詮釋自己的人生，因為以前我遭遇到什麼樣的處境或對待，所以形成了我現在這個模樣。這個因為所以的邏輯雖然很迷人，但是問題是，過去已發生，再也改不了，難道我們就注定如此嗎？

　　我們要時時提醒自己，人生永遠可以重新開始，因為我們往往不小心就會陷入以為是萬劫不復的深淵，然後要嘛是退縮自傷，要嘛自暴自棄更加無所忌憚——反正爛命一條！

　　已發生的事實雖然無法改變，但是我們可以決定如何看待它，如何選擇下一步該怎麼走，只要我們都堅信前一秒的自己已經死亡，這一刻是全新的自己！

　　是的，沒有萬劫不復的錯誤，不管年紀大小，人生永遠可以重新開始，每個人都應該要有這樣的信心。

帶著問號去旅行

女兒Ｂ寶一個人從歐洲旅行回來後，將她臉書的標題改成：「帶著問號去旅行。」多棒的提醒！

帶著問號去旅行，其實，這也是旅行可以帶給我們最棒的禮物，因為當我們獨自一人在陌生的國度裡流浪時，腦袋裡又會開始充滿問題，像我們小時候剛降生來到這個世界一樣。

　　只可惜當我們開始被師長期待考試能得高分之後，快速寫出標準答案的訓練就讓我們失去了提問題的能力，然而會提問題不只對真正的、有效的學習很重要，甚至對我們整個人生也非常重要。就像台大哲學系傅佩榮教授提醒的，問題比解答重要，因為問題使人思考，而解答使人放心。而人生是不能停止思考、不能真正放心的，而且所有解答都是暫時的與相對的，因為時代不變在改變，我們個人的生命面貌也不斷在翻新。

什麼是我最在乎的

獨自一人旅行時，會有非常多的機會跟自己對話，或許可以讓我們思考一個問題：「假如不管工作或收入，也不必在乎親友的期待或旁人的眼光，那麼什麼是我最想做，最在乎的？」

獨自旅行時，抽離了自己習慣的生活圈，家人、朋友、工作以及擁有的書本物品……這些熟悉的事物都不在身邊時，自我對話可以更深刻的了解自己，就像管理學大師－彼得杜拉克建議的，了解自己如何學習？自己做事的方法是如何？如何與人相處及溝通？自己的價值觀是什麼？自己可以在什麼地方做出最大貢獻？

　　另外，在旅途中也會有許多感受或感動的事，不要忘記這些事，最好把這些感受記錄下來，這將可以提供我們在往後人生思考這些事物對自己的意義。當然，旅途中更會有許多孤單寂寞的時刻，要記得那種徬徨無助的痛苦，那麼在往後生活中，才會珍惜視之平淡無味的日子，另一方面，那些悲傷時刻更能提醒什麼是自己真正想要的。

時間無法被管理

現代每個上班族都被時間追著跑，人人渴求一天有四十八小時，而時間管理似乎也成為一門顯學。

每一個人都在尋找更有效率完成一切事情，快速成名，快速致富，難怪在急診室待過的台北市長一上任就標舉：「天下武功，唯快不破！」

　　許多人面對這太過紛亂的生活節奏時，想到的解決方案是時間管理。可是時間其實是無法管理的，因為時間不是我們的，時間也不能「節省」，因為我們無法存下沒用完的時間，我們只能活在每個當下，在每個瞬間迎向每個機緣，或透過分享促成每個因緣的發生。

_____

_____

_____

_____

_____

_____

_____

_____

_____

_____

_____

時間合理的分配

德國兒童文學家邁可・安迪所寫的《默默》，故事中有個專偷時間的賊，他鼓勵每個人儘量節省時間，於是每個人開始追求效率，也愈來愈忙碌。

奇怪的是，不管人們省下多少時間，卻總是沒空，那些省下來的時間居然都神祕的消失，而且在節省時間的過程裡，每個人的生活愈來愈貧乏而單調。

　　時間不是用來節省的，時間的意義在於使用。因此，時間管理不是管理學上的方法或技巧，而是個人生活態度的呈現，也是價值觀的延伸。而且在追求效率的過程中，要給自己留下一些空白或者沒有任何產值的時間，我把它稱為「神聖的浪費」，人如果分分秒秒都在計較是否值得，甚至換算成可以用這些時間賺到多少錢，那樣的人生其實是很悲慘的。

　　我認為不管一天，一個月或一生，時間合理的分配大約是百分之六十用在與工作謀生有關的事，百分之二十用在社會公益，百分之二十是無所事事或者發呆看小說、看電影等等無產值的事。

成為那個自己喜歡的人

想做的事,現在就找出時間去做吧,難道你真的相信你現在三十歲沒空做的事,到四十歲就有空去做嗎?

我覺得談時間管理，最重要的，或者說最有效率的事，是做自己想做而且值得做的事，這個很重要。

　　若我們在每個當下都會慎重思考與選擇，確定是想做而且值得做，長期下來，這也是我們面對夢想追求最關鍵的祕訣，因為夢想是「可以」讓自己一輩子追求，而且「值得」自己一輩子追求的事。

　　善用時間，最終的報償，是會讓我們成為那個自己喜歡的人。

_____

_____

_____

_____

_____

_____

_____

_____

_____

_____

只有方向不定具體目標

多年來案頭擺著梭羅寫的一句話:「如果一個人沒有和他的同伴保持同樣的步調,那可能是因為他聽到了不同的鼓聲!」

這段話令我產生信心：雖然一樣得生活在眾人之中，卻不必然得像眾人般活著。當我一邊傾聽自己心裡的鼓聲前進時，我也更能包容與欣賞跟我意見不同的人，或許他們也正在傾聽自己內心的鼓聲。

　　我不再為自己訂定太具體、數字化的目標，也不再侈言理想使命，我只是要求自己做「對的事情」。對於未來，我只有方向，希望每天能朝著對的方向前進一點點，不給自己壓力。每天只做能做的事，每天只想能做的事，所以不會徬徨於理想或現實，我不認為這是對立的、二擇一的。

　　於是，當我很實際地一天天往前走，驀然回首時，年少的想望竟然在不經意中就實現了。

改變或無法改變的事

我的記事本扉頁總是謄寫著一段話:「對已成之事實,須看破放下,順因緣觀,不起追悔;對當前事物,宜惜取因緣,掘發可造性,積極耕種。」

這段話與西方著名的祈禱詞在精神上是雷同的：「請賜我平靜，能接納我無法改變的事；請賜我勇氣，能改變我可以改變的事；請賜我智慧，讓我能分辨這兩者的不同。」我覺得，要區分可以改變或無法改變的智慧並不難，只要是自己能做的事，就是可以改變的；而必須求之於人的，就是不能改變的事。年輕時我們滿懷志氣，想改革社會，想更正一切不合理之事；如今我已知道，改變世界唯一有效的方法，就是改變自己。

　　因此，我常提醒自己不要求別人，不批評別人，對於看不慣的事物，若是沒有可行意見，也幫不上忙時，便不會浪費心神去抱怨。抱怨不僅於事無補，更重要是耗損了我們的精力與熱情。

_____

_____

_____

_____

_____

_____

_____

_____

工作之外

泰戈爾說：「如果你因為錯過太陽而流淚，那麼你也將錯過群星。」

人生是一場豐富的饗宴，值得我們快快樂樂地大玩一場。生命要活得精彩，而精彩與做大事賺大錢無關，也跟什麼留芳萬世或遺臭萬年無關，它只在於我們能不能把自己的生命發揮得淋漓盡致，不虛此生！

　　人生除了賺錢之外，還有其他值得追求的事物；人生除了工作之外，還是有其他值得奉獻的使命。柏拉圖曾經這麼說：「那些人生基本需求都已周全，卻還繼續工作的人，往往錯失了更重要的追求。」

　　很多人常常把：「等我賺夠了錢……」「等我退休……」「等孩子長大……」這些藉口掛在嘴上，也有不少朋友工作了幾十年，卻沒有好好休過假，等到真正退休了，卻發現自己已經玩不動了，以前想做而沒有做的事，如今有時間享受了，卻沒有體力了！

有點忙又不會太忙

我想，人的一生之中，應該有一段如拿破崙被放逐的日子，獨
自在一座孤島上看雲；人的一天之中，也該有一段完全獨處、
傾聽自己內在聲音的時光。

我很幸運，在馬祖服預官役時，每天看雲、看海，足足有一年多的時間，沒有文明，沒有紅塵瑣事，在空白的日子裡，被迫面對真實自己。這種悠閒是必要的。就算形體再忙碌，內在一定要有這般從容的心。相反地，若是太過追求「虛幻」的自我，卻沒有落實在每天的工作中，也是危險的。

　　美國普林斯頓高等學院甄選世界傑出的頭腦，給予好的待遇、好的研究環境，這些學者不用管行政，不用管教學，沒有了種種煩瑣雜事的干擾，也不用趕進度、寫報告，在無任何附帶條件的優厚待遇下，專心地替全人類思考文明與科技的進展。結果，原本極有傑出創見的學者們，一旦完全摒除他們以前所抱怨的「干擾」之後，終其一生，卻罕見再有任何偉大的貢獻。

　　或許可以套句廣告詞：「有點忙又不會太忙，有點閒又不會太閒。」這種中庸之道，才是符合人性與創意發想的狀態的。

回顧與眺望

我喜歡回顧，因為我不喜歡忘記。席慕蓉說：「在世間，有些人、有些事、有些時刻，似乎都有一種特定的安排，在當時也許不覺得，但是在以後回想起來，卻都有一種深意。」

我也喜歡往前眺望。人到中年，要做的事還很多，但是已懂得放慢腳步，慢慢來，也許會做得更好一點。

　　張曉風曾經這麼形容中年的心情：「一切正好，有看雲的閒情，也有猶熱的肝膽；有尚未收斂也不想收斂的遭人妒的地方，也有平凡敦實容許別人友愛的餘裕；有霍然而怒的盛氣，也有湛然一笑的淡然。還有什麼可說呢？芽嫩已過，花期已過，如今打算來做一枚果，待果熟蒂落，願上天復容我是一粒核，縱身大化，在新著土處，期待另一度的芽葉。」的確，到了中年，是一個「給」的階段，回饋社會、提攜後進，因為，你給得起了。

181

喝茶的心情

有一位禪師說：「當你喝一杯茶時，要有與愛人相會時那樣歡愉與期待的感覺，當你把茶杯放下時，也要有與愛人分離時那樣纏綿不捨的心情。」

日本茶道也相當強調「一期一會」那種把握當下的珍惜之心。想起古人所感觸的：「盡日尋春不見春，芒鞋踏遍嶺頭雲，歸來笑拈梅花嗅，春在枝頭已十分。」的確，人的快樂與幸福，是不可能向外追求能得到的，只要心念一轉，即便平凡如我們，也能在日常生活中就能夠享受到生命的樂趣。

快樂啊，憂傷啊！

我一直是個愛玩的人，不喜歡賺錢，也不太以成就為取向，從來不相信也不在乎什麼成大功立大業之類的事，但是我喜歡朋友，喜歡與朋友一起為了理想奮鬥那種肝膽相照的感覺。

我也是個貪心的人，「這人世的一切我都希求」，好多好多東西都想接觸，都想學，都想看，就像有首歌詞中所唱的：「快樂啊，憂傷啊！是我的擔子我都想承受。」

　　深怕許多感動因為歲月而不再，許多純真因趕路而丟失。當然，在這樣的生活中，是少不了朋友相伴的，就像李佩菁早年唱的歌：「我願好友都能常常相聚首，對著明月山川相問候」。在人生的下半場，我要將自己的腳步慢下來，也要常常提醒自己，形體可以忙，做事可以有效率，但是心境一定要悠閒，要細致，要有餘裕。

　　我相信真正的智慧要從悠閒中產生，若是整日忙來忙去，行色匆匆，怎麼能創造真正源自生命的奇蹟？

寒夜客來茶當酒

歲月總是無聲無息地湮滅多少興衰勝敗喜怒哀樂，難怪有位詩
人不禁感嘆：「時間啊，您是永遠不敗的君王！」人在歲月之前，
是要謙虛臣服的。

長大後才體會到，原來年輕時常說的「永遠」是一種虛妄的幻想。當年以為自己可以掌握很多事情，可是年紀愈大，愈知道自己的渺小和無能。而當初所期盼的，得到之後覺得不過爾爾，反倒是當時以為不值得一顧的小事情，卻日日夜夜啃蝕我們的心。

　　傳說當人離開世界，他的靈魂會把他生前的腳印一個一個撿起來。因此，每個靈魂就要把他生平經過的路再走一遍，車中船中，橋上路上，街頭巷尾，腳印永遠不滅，縱使橋已坍，船已沉，河岸變水溝，但只要靈魂看到，他的腳印便會一個一個浮上來。若說撿腳印是一個人最後一次「餘興」，那我寧可分次在每年歲末年終就來撿拾腳印，而且我要撿的可不只是腳印，還要有曾唱過的歌，曾講過的話，曾流過的淚——仔細收拾和著酒細細品嘗，然後再滿懷希望的翻開新的行事曆往前走。

歲末感恩

多年來，每到歲末時的情緒，都是蠻複雜的，一點的懷想、一點感傷、一點感恩、還有一點期待、一些休閒的歡樂。在這麼多高高低低的情緒混雜中，自己總是喜歡以「別時容易」來做為一個總結。

「別時容易」這句話來自於李後主的詞「無限江山；別時容易見時難」，多年以前曾刻了個章，每到歲末，就在每封給朋友的信末，慎重的印上這個「別時容易」的章。

　　在人世走這麼一遭，不管我們認真的收集與累積，不管是珍惜的物品、心愛的人、甚至我們這有限的生命與歲月，都是要一再的割捨與告別，呵！別時容易，但是見時難呀！隨著歲月的流逝，我也愈來愈能體會藝術家楚戈他所說的：「就是一生都在遊戲和等閒中過去，也是無所謂的。」

　　該如何表達我這樣的情緒呢？我想，我會認真做每一件值得做的事，真心對待每一個有緣的人，疼惜每一個曾擁有過的時光與人物，但是不會太執著，因為別時容易！

活得好 065

李偉文筆記書3：一定要幸福！
在生活中實踐的91個幸福練習

讓李偉文幸福學的91篇練習，時時給你正能量，往幸福之路邁進！

作　　　者	李偉文
顧　　　問	曾文旭
編輯統籌	陳逸祺
編輯總監	耿文國
主　　　編	陳蕙芳
文字校對	翁芯琍
封面設計	李依靜
內文排版	李依靜
圖片攝影	李偉文、柯蘊慧、李欣恬（B寶）
法律顧問	北辰著作權事務所

印　　　製	世和印製企業有限公司
初　　　版	2021年02月
出　　　版	凱信企業集團-凱信企業管理顧問有限公司
電　　　話	（02）2773-6566
傳　　　真	（02）2778-1033
地　　　址	106 台北市大安區忠孝東路四段218之4號12樓
信　　　箱	kaihsinbooks@gmail.com

定　　　價	新台幣260元／港幣87元
產品內容	1書

總 經 銷	采舍國際有限公司
地　　　址	235 新北市中和區中山路二段366巷10號3樓
電　　　話	（02）8245-8786
傳　　　真	（02）8245-8718

國家圖書館出版品預行編目資料

李偉文筆記書 3：一定要幸福！在生活中實踐
的91個幸福練習/李偉文著. -- 臺北市：凱信企
業集團凱信企業管理顧問有限公司, 2021.02
　　面；　公分
ISBN 978-986-99669-4-8(平裝)

1.格言

192.8　　　　　　　　　　　109022104

凱信企管

用對的方法充實自己，
讓人生變得更美好！

凱信企管

用對的方法充實自己，
讓人生變得更美好！